Sachbücher von Janvier T. Chando

IKONEN UND BÖSEWICHTE: Jüngste Politische Attentate…
GEFALLENE HELDEN: Afrikanische Führer, deren Attentate…
UKRAINE: Das Tauziehen zwischen Russland und dem Westen
KAMERUN: Frankreichs Dysfunktionales Marionetten System in Afrika
KAMERUN: Das Heimgesuchte Herz Afrikas

Fiktionstitel von Janvier Chando

Der Usurpator: und andere Geschichten
Triple Agent, Doppel kreuz
Jünger des Vermögen
Die Union Muschik
Blitz der Sonne
Vermögen Ruft
Meister des Vermögen
Kinder des Vermögen
Großmütter und Perfekte Liebe
Verliebt Sein und Weise Sein
Die Feuer und Eis Legende
Der Süßeste Wahnsinn
Das Hunger Feuer
Die Schatten des Feuers
Vater und Söhne
Der Arzt
Dunkle Schatten
Schicksalhafte Krawatten
Das Urteil des Hades
Prozess Gegen Seine Majestät
Ngokos Torheit
Der Usurpator
Die Mitgift
Ich bin gehasst
Der Lümmel

Kommende Titel von Janvier Chando

Die Heim-Herumtreiber
Der Weiße Falke
Die Norilsk Bären
Sterbliche Freunde

DER VERRAT DER RECHTSCHAFFENHEIT:
Die Ermordung von Thomas Sankara aus Burkina Faso und das Ersticken der Hoffnung in Afrika

Janvier T. Chando

TISI BOOKS

NEW YORK, RALEIGH, LONDON, AMSTERDAM

VERÖFFENTLICHT VON TISI BOOKS

ISBN-13: 978-1-6708-3367-9
ISBN-10: 1-6708-3367-4

VERÖFFENTLICHT VON TISI BOOKS
www.tisibooks.com

NEW YORK, RALEIGH, LONDON, AMSTERDAM

Gedruckt in den Vereinigten Staaten von Amerika

ANERKENNUNG

Ein besonderer Dank gilt Franklyn Bayen, Salomon Muna T. Yakana, Eric Nkabyo, Idris Doh, Julius Wakam, Sampson Baiye, Gabriel Nkeng, Linus Chinda, Wilson Okole, Rodney Musoko und Valentine Forchak, mit denen wir über das Erbe der Sankara gesprochen haben, und mit wem wir zu aufschlussreichen Schlussfolgerungen kamen.

WIDMUNG

Das Buch ist allen ikonischen und legendären Führern gewidmet, deren Zweck es war, der Menschheit zu dienen und das Wohlergehen der Menschheit zu fördern, insbesondere jenen, deren historische Missionen von den bösen Mächten dieser Welt unterbrochen wurden.

DER VERRAT DER RECHTSCHAFFENHEIT:

Die Ermordung von Thomas Sankara aus Burkina Faso und das Ersticken der Hoffnung in Afrika

ZITATE VON THOMAS SANKARA

„Während Revolutionäre als Individuen ermordet werden können, Kann man Ideen nicht töten."

„Der Feind ist nicht derjenige, der dir mit einem Schwert in der Hand gegenübersteht, das ist der Gegner. Der Feind ist der hinter dir mit einem Messer auf deinem Rücken."

„Ohne patriotische politische Bildung ist ein Soldat nur ein potentieller Verbrecher."

„Ich glaube nicht, dass Blaise (Blaise Compaoré, sein Stellvertreter und bester Freund) einen Anschlag auf mein Leben machen will. Die einzige Gefahr besteht darin, dass, wenn er sich weigert zu handeln, die imperialistischen Mächte ihm Macht auf einem Silbertablett anbieten werden, indem sie meine Ermordung organisieren. Selbst wenn es ihnen gelingt, mich zu ermorden, spielt es keine Rolle! Die Quintessenz ist, dass sie essen wollen, und ich halte sie auf. Aber ich werde friedlich sterben, denn niemals, nach dem, was wir erfolgreich in das Gewissen unserer Landsleute eingeprägt haben, können sie unser Volk nicht mehr so kontrollieren wie früher."

„Die größte Schwierigkeit, mit der wir konfrontiert waren, ist die neokoloniale Denkweise, die es in diesem Land gibt. Wir wurden von einem Land kolonialisiert, Frankreich, das uns bestimmte Gewohnheiten hinterließ. Erfolgreich im Leben zu sein, glücklich zu sein, bedeutete für uns, zu versuchen, so zu leben, wie sie es in Frankreich tun, wie die reichsten Franzosen."

„Ohne ein gewisses Maß an Wahnsinn kann man keine grundlegende Veränderung vollziehen. In diesem Fall kommt es von Nichtkonformität, dem Mut, den alten Formeln den Rücken zu kehren, dem Mut, die Zukunft zu erfinden."

„Schulden sind eine geschickt gemanagte Rückeroberung Afrikas. Es ist eine Rückeroberung, die jeden von uns in einen Finanzsklaven verwandelt."

„Möge die Arroganz der Großmächte ein Ende haben, die keine Gelegenheit auslassen, die Rechte des Volkes in Frage zu stellen. Afrikas Abwesenheit derjenigen, die das Vetorecht haben, aus dem Club ist ungerecht und sollte beendet werden

„Wir sind nicht gegen Fortschritt, aber wir wollen keinen Fortschritt, der anarchisch ist und die Rechte anderer kriminell vernachlässigt."

„Ungleichheit kann nur durch die Schaffung einer neuen Gesellschaft beseitigt werden, in der Männer und Frauen gleiche Rechte genießen. Auf diese Weise wird sich der Status von Frauen nur verbessern, wenn das System beseitigt wird, das sie ausbeutet.”

„Der Geist wird sozusagen durch Unwissenheit erstickt, aber sobald die Unwissenheit zerstört ist, scheint der Geist wie die Sonne, wenn er durch Wolken bricht."

„Die patriarchalische Familie tauchte auf, gegründet auf dem alleinigen und persönlichen Eigentum des Vaters, der das Familienoberhaupt geworden war. Innerhalb dieser Familie wurde die Frau unterdrückt.”

„Ich möchte, dass sich die Menschen an mich als jemanden erinnern, dessen Leben der Menschheit geholfen hat.”

„Unser Land produziert genug, um uns alle zu ernähren. Leider sind wir mangels Organisation gezwungen, um Nahrungsmittelhilfe zu bitten. Es ist diese Hilfe, die uns die Einstellung von Bettlern einflößt.”

„Alles, was sich der Mensch vorstellen kann, Kann er erschaffen.”

„Es hat die Verrückten von gestern gebraucht, damit wir heute mit äußerster Klarheit handeln konnten. Ich möchte einer dieser Verrückten sein. Wir müssen uns trauen, die Zukunft zu erfinden.”

„Wenn Sie einen Spaziergang durch Ouagadougou machen und eine Liste der Villen erstellen, die Sie sehen, werden Sie feststellen, dass nur eine Minderheit diese Villen besitzt. Wie viele von Ihnen, die aus den entlegensten Winkeln des Landes nach Ouagadougou versetzt wurden, mussten jede Nacht umziehen, weil Sie aus dem Haus geworfen wurden, das Sie gemietet haben? Für diejenigen, die durch Korruption Häuser und Grundstücke erworben haben, sagen wir: Fangen Sie an zu zittern. Wenn Sie gestohlen haben, zittern Sie, denn wir werden nach Ihnen kommen. "

„Wir müssen es wagen, die Zukunft zu erfinden."

„Frauen halten die andere Hälfte des Himmels hoch."

„Wir bemühen uns, dass unsere Handlungen unseren Worten entsprechen und dass wir in Bezug auf unser Verhalten wachsam sind."

„Genossen, es gibt keine echte soziale Revolution ohne die Befreiung der Frauen."

„Es ist wirklich schade, dass es Beobachter gibt, die politische Ereignisse wie Comics sehen. Es muss einen Zorro geben, es muss einen Stern geben. Nein, das Problem von Upper Volta ist ernster. Es war ein schwerwiegender Fehler, unter allen Umständen nach einem Mann, einem Stern, zu suchen, um einen zu erschaffen, das heißt, um das Eigentum an der Veranstaltung Kapitän Sankara zuzuschreiben, der das Gehirn gewesen sein musste, etc."

„Unsere Revolution in Burkina Faso stützt sich auf die Gesamtheit der menschlichen Erfahrungen seit dem ersten Atemzug der Menschheit. Wir möchten die Erben aller Revolutionen der Welt, aller Befreiungskämpfe der Völker der Dritten Welt sein. Wir ziehen die Lehren aus der amerikanischen Revolution. "

„Die Revolution kann nicht ohne die Emanzipation der Frauen siegen."

„Die Revolution und die Befreiung der Frauen gehören zusammen. Wir sprechen nicht von Frauenemanzipation als Akt der Nächstenliebe oder aus einer Welle menschlichen Mitgefühls. Es ist eine grundlegende Notwendigkeit, dass die Revolution triumphiert. Frauen halten die andere Hälfte des Himmels hoch. "

„Der Imperialismus ist ein System der Ausbeutung, das nicht nur in der brutalen Form derer vorkommt, die mit Gewehren das Territorium erobern. Der Imperialismus tritt oft in subtileren Formen auf: als Kredit, Nahrungsmittelhilfe, Erpressung. Wir bekämpfen dieses System, das es einer Handvoll Menschen auf der Erde erlaubt, die gesamte Menschheit zu beherrschen."

„Wir müssen daran arbeiten, unsere Mentalität zu dekolonisieren und Glück innerhalb der Grenzen des Opfers zu erreichen, zu dem wir bereit sein sollten. Wir müssen unser Volk dazu erziehen, sich so zu akzeptieren, wie es ist, sich seiner wahren Situation nicht zu schämen, damit zufrieden zu sein, sich sogar darüber zu rühmen."

„Die Feinde eines Volkes sind diejenigen, die sie in Unwissenheit halten.”

„Die französische Revolution hat uns die Menschenrechte gelehrt.”

„Genossen, ohne die Befreiung der Frauen gibt es keine echte soziale Revolution. Mögen meine Augen niemals sehen und meine Füße mich niemals zu einer Gesellschaft bringen, in der die Hälfte der Menschen in Schweigen gehalten wird. Ich höre das Brüllen der Frauenstille. Ich spüre das Rumpeln ihres Sturms und spüre die Wut ihrer Revolte. “

„Wir müssen lernen, auf Afrikanische Weise leben. Nur so kann man in Freiheit und Würde leben. “

„Er, der dich füttert, kontrolliert dich.”

„In seiner jetzigen Form ist das imperialistisch gesteuert, ist Schulden eine geschickt gemanagte Wiedereroberung Afrikas mit dem Ziel, sein Wachstum und seine Entwicklung durch ausländische Regeln zu unterdrücken. So wird jeder von uns zum Finanzsklaven, das heißt zum wahren Sklaven.”

„Mögen meine Augen niemals sehen und meine Füße mich niemals zu einer Gesellschaft bringen, in der die Hälfte der Menschen in Schweigen gehalten wird.”

„Wer dich nicht füttert, kann von dir nichts verlangen."

„Ungleichheit kann nur durch den Aufbau einer neuen Gesellschaft beseitigt werden, in der Männer und Frauen gleiche Rechte genießen, was auf eine Umwälzung der Produktionsmittel und aller sozialen Beziehungen zurückzuführen ist. Auf diese Weise wird sich der Status von Frauen nur verbessern, wenn das System, das sie ausbeutet, abgeschafft wird. "

„Che Guevara hat uns das beigebracht, wir könnten es wagen, Vertrauen in uns selbst zu haben, Vertrauen in unsere Fähigkeiten. Er hat uns die Überzeugung eingeimpft, dass der Kampf unsere einzige Zuflucht ist. Er war ein Bürger der freien Welt, die wir gemeinsam aufbauen. Deshalb sagen wir, dass Che Guevara auch Afrikaner und Burkinabe ist."

„Schäme dich niemals, Afrikaner zu sein."

„Wenn das Volk aufsteht, erzittert der Imperialismus."

INHALT

Karten

Burkina Faso auf einer Weltkarte

Teilungs Karte von Afrika: 1884-1914

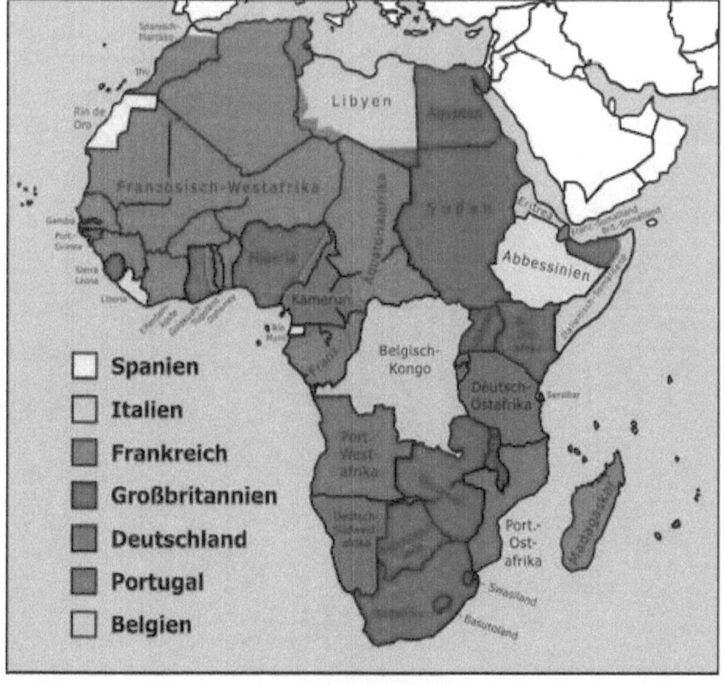

Politische Karte der Afrikanischen Länder

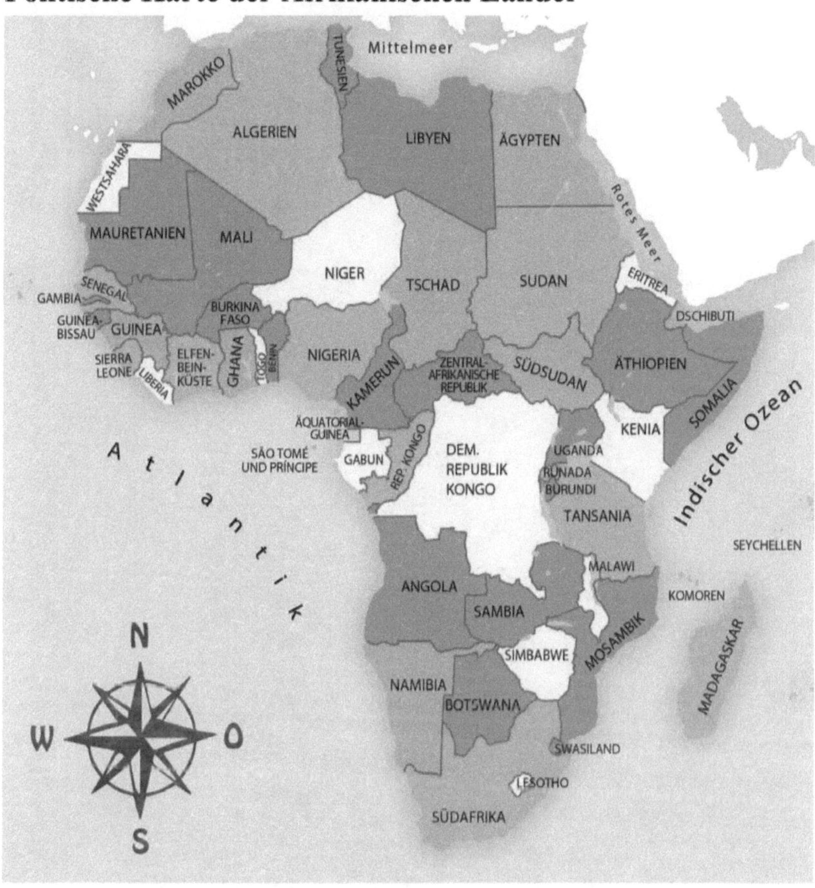

Unabhängigkeits Karte der Afrikanischen Länder

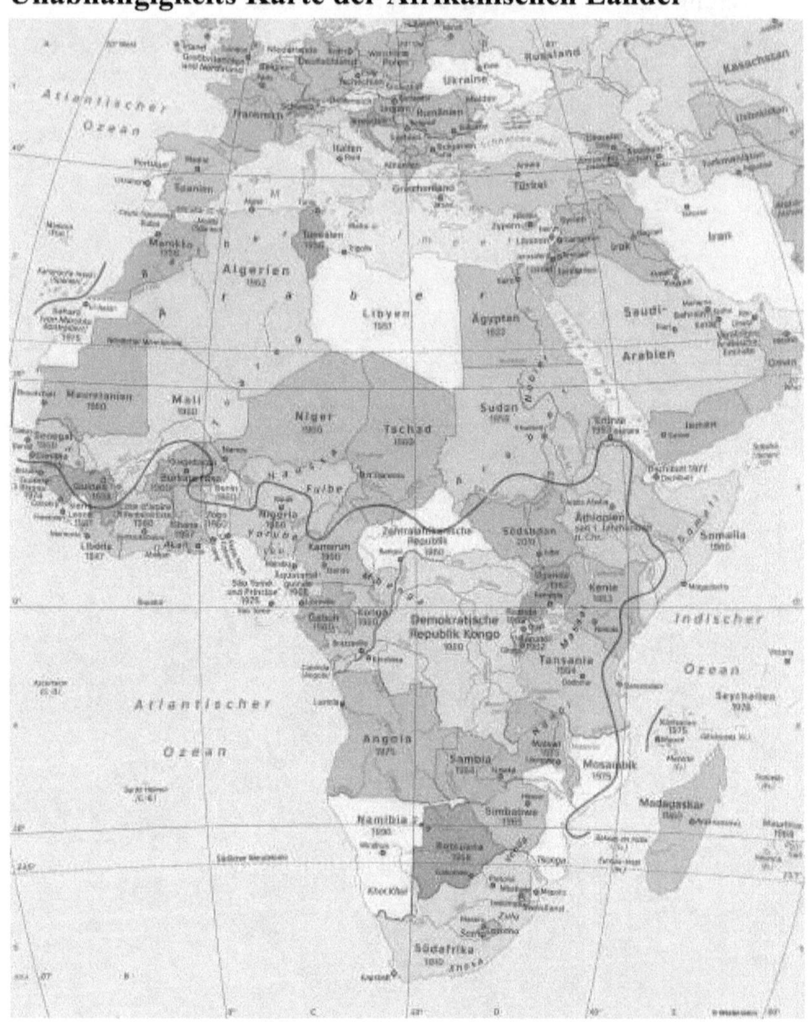

EINFÜHRUNG

Auf meiner Suche nach der Antwort, warum bestimmte geopolitische Brennpunkte in der Welt existieren; in meinem neugierig sein um die Gründe zu kennen, warum einige Länder und die Welt im Allgemeinen plötzliche und dramatische Veränderungen erlebten, die zu Krieg, Instabilität oder einer Neuausrichtung ihrer Innen- und Außenpolitik führten, die nicht nur diese Länder betrafen, sondern auch bestimmte Regionen oder die ganze Welt beeinflussten, habe ich in den letzten Jahrzehnten politische Attentate untersucht, die unsere Welt verändert haben. Mit unserer Welt meine ich unsere Gemeinschaften, Länder, Regionen und die Menschheit als Ganzes.

Bei der Behandlung der verschiedenen Attentate im Laufe der Jahre habe ich einen Ansatz gewählt, der von der politischen Soziologie geprägt ist. Dabei habe ich die historischen und sozialen Faktoren, die nicht nur zu den Attentaten geführt haben, sondern auch aus der Tötung dieser historischen Figuren entstanden sind, genau analysiert. Und aus diesen Faktoren werden uns eine Idee oder Bilder präsentiert, wie sich die betroffene Gesellschaft seit den traumatischen Ereignissen entwickelt hat.

Aus den Rückschlägen, die auf die Ermordung historischer, legendärer oder ikonischer Persönlichkeiten folgten, können wir etwas Nützliches lernen und uns Szenarien ausdenken oder was als Katastrophen zu erwarten ist, wenn bestimmte Anführer ermordet werden, und entsprechend handeln, um ihre Ermordung zu verhindern.

Kapitel Eins

Thomas Sankara

Als Afrika an diesem Morgen des 16. Oktober 1987 aufwachte und vom Tod des charismatischen Staatsoberhauptes von Burkina Faso, Thomas Sankara, erfuhr, breiteten sich Schock, Trauer und Melancholie über dem Kontinent aus. Als weitere Nachrichten einschlugen und berichteten, dass er zusammen mit zwölf anderen bei einem Putsch getötet wurde, der vom damaligen Vizepräsidenten Blaise Compaoré angeführt wurde (der nach dem Putsch Präsident wurde und bis zu seinem Sturz in einem Volksaufstand am 31. Oktober 2014 regierte), die Massen in Burkina Faso waren empört. Thomas Sankara hatte der Welt bekannt gemacht, dass Blaise Compaoré sein Kumpel und engster Vertrauter sei.

Also, wer war also dieser junge Mann, der ein Binnenland in Afrika aus einer Sackgasse herausführte, ein Gebiet, das das Kernland des Songhai-Reiches war, und dann den Menschen dort und ihren Brüdern im Rest Afrikas den Weg in eine Zukunft ohne den erstickenden Einfluss des Neokolonialismus?

Kapitel Zwei

Die Geschichte beginnt 1949 mit der Geburt von Thomas Sankara am 21. Dezember dieses Jahres in Yako, Obervolta, und wurde mit seinem Tod am 15. Oktober 1987 in Ouagadougou, Burkina Faso, durch die Kugeln seiner Mörder legendär. Wir werden uns jedoch mit den Kapiteln befassen, die sein Leben auf Erden ausmachen, während wir uns eingehender damit befassen, wie er vor seinem frühen Tod zum Führer der burkinischen Revolution wurde.

Sankaras Aufstieg in das höchste Amt des Landes begann nach seiner Ausbildung zum Piloten und nachdem er Kapitän der Obervolta Air Force geworden war. Doch nicht nur seine Fähigkeiten als Pilot machten ihn zu einer beliebten Persönlichkeit in der Landeshauptstadt Ouagadougou, insbesondere nach den Kämpfen im Grenzkrieg von 1974 gegen Mali. Die Tatsache, dass er ein anständiger Gitarrist war und dass er Motorräder mochte, könnte ebenfalls zu seinem Charisma beigetragen haben. Deswegen begrüßten die Landsleute seine Ernennung zum Informationsminister im Jahr 1981 durch Oberst Saye Zerbo, der nach Beendigung der 14-jährigen Herrschaft von Sangoulé Lamizana mit einem Staatsstreich am 25. November 1980, Präsident des Landes wurde. Als er jedoch am 21. April 1982 aus der Regierung ausschied und sich auf die Anti-Arbeiter-Bewegung des Regimes berief, sah die Bevölkerung eine andere lobenswerte Seite seines Charakters, die ungewöhnlich war. Er war unbestechlich.

Der Staatsstreich vom 7. November 1982 unter der Führung von Maj. Dr. Jean-Baptiste Ouédraogo und dem Rat der Volksrettung (CSP), der Oberst Saye Zerbo stürzte, bewirkte die Wiederbelebung von Sankaras Vermögen, als der neue Präsident ihn 1983 zum Premierminister ernannte. Aber dann besuchte Jean-Christophe Mitterrand, der Sohn des französischen Präsidenten Francois Mitterrand, der zufällig Afrika-Berater seines Vaters war, in jenem Jahr Obervolta. Dem Sohn des französischen Präsidenten gefielen die politischen Ideen, die Unverblümtheit und die

Unbestechlichkeit des jungen Sankara nicht. Also zwang er den Präsidenten von Upper Volta, Sankara und einige seiner engen Mitarbeiter unter Hausarrest zu stellen. Seine Inhaftierung durch die Behörden löste einen Volksaufstand aus, der nicht eingedämmt werden konnte.

Die Sankara-Saga hätte keine neuen Dimensionen angenommen, wenn nicht eine Gruppe von Männern in Obervolta, heute bekannt als Burkina Faso, beschlossen hätte, eine Revolution zu starten, die es dem Land ermöglichen würde, "die Verantwortung für seine Realität und sein Schicksal mit Menschenwürde zu übernehmen..." Ein von Blaise Compaoré mit Hilfe von Kapitän Henri Bongo, Major Jean-Baptiste Booker Lingam und dem charismatischen Kapitän Thomas Sankara organisierter Staatsstreich setzte Jean-Baptiste Ouedraogo am 4. August 1983 ab. Die erfolgreichen Putschisten erklärten Thomas Sankara zum Anführer.

Der 33-jährige Sankara wurde zu einer prominenten Figur in der Gruppe afrikanischer Führer, die dem Kontinent im Allgemeinen und ihren Ländern im Besonderen eine neue gesellschaftspolitische Dimension geben wollten, die frei von den Fesseln des Neokolonialismus, insbesondere der Überheblichkeit, war Französische Kontrolle über seine ehemaligen afrikanischen Kolonien und Gebiete.

Karte der Afrikanischen Kolonien

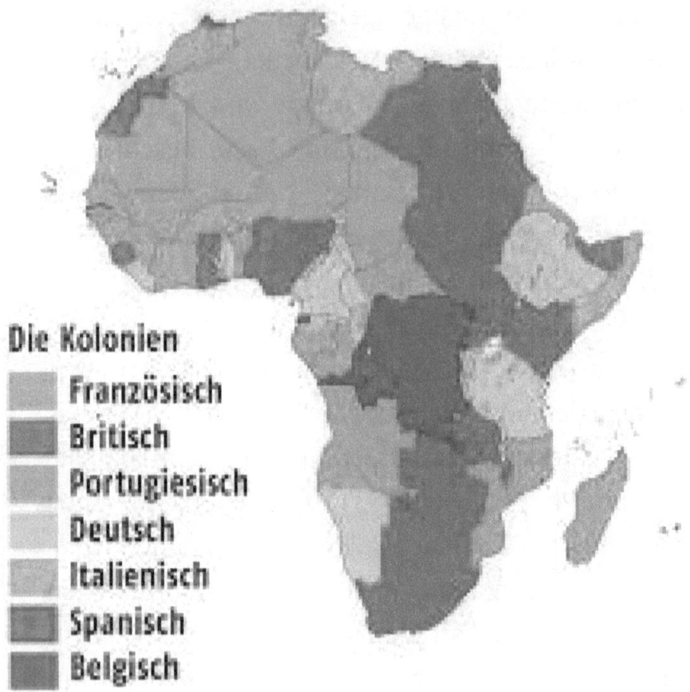

Thomas Sankara, der charismatische linke Führer eines Landes im Herzen WestAfrikas, wurde manchmal als "Tom Sank" bezeichnet und von einigen seiner Bewunderer als "Afrikanischer Che Guevara" angesehen, noch bevor er das Staatsoberhaupt der USA wurde WestAfrikanisches Land nach dem Putsch, den sein Freund Blaise Compaoré geleitet hatte.

Kapitel Drei

Ein Jahr nach der Übernahme des höchsten Amtes des Landes startete Sankara die ehrgeizigsten Programme für sozialen und wirtschaftlichen Wandel, die jemals in einem der Länder des Afrikanischen Kontinents versucht wurden. Er änderte den Namen des Landes von Obervolta nach Burkina Faso, was in Mossi und Dyula, den beiden Hauptsprachen des Landes, "das Land der aufrechten Menschen" bedeutet. Er kam auch mit einer neuen Flagge und einer neuen Hymne für das begeisterte Land.

Der junge Präsident würde die Politik des Landes auf die Bekämpfung von Korruption, Wiederaufforstung, Vermeidung von Hungersnöten und darauf ausrichten,

Bildung und Gesundheitsversorgung zu echten Prioritäten für die Nation zu machen.

Seine Innenpolitik konzentrierte sich auf:

- Verhinderung einer Hungersnot durch landwirtschaftliche Selbstversorgung und eine Landreform, die drei Jahre nach seiner Präsidentschaft zur Selbstversorgung mit Nahrungsmitteln führte

- Bildung zu einer Priorität zu machen, die die Regierung durch eine landesweite Alphabetisierungskampagne unermüdlich verfolgte

- Förderung der öffentlichen Gesundheit durch Impfung von 2.500.000 (2,5 Millionen) Kindern gegen Meningitis, Gelbfieber und Masern.

Weitere lobenswerte Aspekte seiner nationalen Agenda waren:

- das Pflanzen von über 10.000.000 (zehn Millionen) Bäumen, was einen großen Beitrag dazu geleistet hat, die wachsende Wüstenbildung der Sahelzone zu stoppen

- die Verdopplung der Weizenproduktion durch die Umverteilung von Land von Feudalherren an Bauer

- die Aussetzung ländlicher Kopfsteuern und

inländischer Mieten

- und der Start eines ehrgeizigen Straßen- und Eisenbahnbauprogramms, um „die Nation zusammenzuschweißen".

Auf lokaler Ebene leitete Sankara auch die Bemühungen jedes Dorfes, eine medizinische Apotheke zu errichten, und über 350 Gemeinden, Schulen mit eigenen Arbeitskräften zu bauen.

Gleich nach seiner Machtübernahme wurde er zum Verfechter der Frauenemanzipation und -rechte in Afrika. Tatsächlich wurde dies durch sein Verbot der weiblichen Genitalverstümmelung bestätigt; seine Abschaffung von Zwangsheiraten, Kinderehen und Polygamie; sowie durch seine Politik und Bemühungen, Frauen zu ermutigen, Führungspositionen in Regierung und Gesellschaft einzunehmen, insbesondere durch die Ernennung von Frauen in hohen Regierungspositionen, und sie zu ermutigen, außerhalb des Hauses zu arbeiten und in der Schule zu bleiben, selbst wenn sie schwanger wurden. Als er das schrieb:

„Die Revolution und die Befreiung der Frauen gehören zusammen. Wir sprechen nicht von Frauenemanzipation als Akt der Nächstenliebe oder wegen einer Welle menschlichen Mitgefühls. Es ist eine grundlegende Notwendigkeit für den Triumph der Revolution. Frauen halten die andere Hälfte des

Himmels hoch."

Es war ein Ausdruck seiner Entschlossenheit, das Wohlergehen der Frauen in seinem Land und in Afrika zu verbessern.

Sankara und Fidel Castro aus Kuba

Kapitel Vier

Sankara verfolgte eine Außenpolitik, die den Imperialismus nicht duldete, und förderte die Zusammenarbeit auf der Grundlage des Respekts und der Anerkennung der Interessen von Burkina Faso sowie der Interessen der anderen Parteien, die mit Burkina Faso zu tun hatten. Dies führte dazu, dass seine Regierung jegliche ausländische Hilfe ablehnte, in kühner Weise auf einen Schuldenabbau drängte, alle Grundstücke und Bodenschätze verstaatlichte und dadurch die Macht und den Einfluss des Internationalen Währungsfonds (IWF) und seiner Schwesterfinanzinstitution, der Weltbank, abwendete.

Einer der Gründe, warum die globalen Eliten erwarteten, dass Burkina Faso seinem ehemaligen Kolonialherrn und den internationalen Finanzinstitutionen weiterhin unterwürfig sein würde, war, dass es zu dieser Zeit eines der ärmsten Länder der Welt war. Aber Sankara war anders. Er war fest davon überzeugt, dass das Land ohne ausländische Hilfe vorbeikommen und sich selbst ernähren könne. Er ging sogar so weit, Hilfspakete aus dem Internationalen Währungsfonds abzulehnen, "Unterstützung" von de internationale Finanzorganisation mit Bedingungen, die die Souveränität von Burkina Faso gefährdeten, wie er es sah. Er artikulierte diese Haltung der Unabhängigkeit durch zahlreiche Schriften, Reden, Interviews und anderen Austausch. Leider war Sankara eine Stimme in der Wildnis, indem er die Aufrichtigkeit in einer Zeit kurz nach der Unabhängigkeit der 1960er Jahre verkörperte, als die meisten revolutionären, panafrikanistischen und gewagten Führer des Kontinents durch Drohungen und Sanktionen getötet, gestürzt und eingeschüchtert oder gedemütigt worden waren , Sabotage und andere aktive Maßnahmen. Er glaubte, auf dem Gipfeltreffen der Organisation für Afrikanische Einheit im Juli 1987 ein Forum gefunden zu haben, um seinen Kreuzzug zu verkaufen, wo er versuchte, die Staatsoberhäupter anderer afrikanischer Länder davon zu überzeugen, gemeinsam zu handeln, und ihre finanziellen Schulden nicht an ihre ehemaligen Kolonisatoren zahlen. Er wies darauf hin:

„Die Ursprünge der Schulden gehen auf die Ursprünge des Kolonialismus zurück ... Wir können die Schulden nicht zurückzahlen, weil wir

nicht für diese Schulden verantwortlich sind. Im Gegenteil, andere schulden uns etwas, für das kein Geld bezahlen kann. Das heißt, die Schuld des Blutes..."

Obwohl Sankaras revolutionäre Programme zur Selbständigkeit ihn in den Augen vieler armer Afrikaner zu einer Ikone machten und seine Popularität bei den meisten verarmten Bürgern von Burkina Faso steigerten, untergrub seine Politik die unverfallbares Interessen einer breiten Palette von Gruppen (die Die frankophile burkinische Mittelschicht,Die Stammesführer, die waren wütend dass er ihnen die traditionellen Privilegien für Zwangsarbeit und Tributzahlungen genommen hat, und Frankreich und sein Verbündeter die Elfenbeinküste unter Félix Houphouet-Boigny, den er als einen angesehen hatte Marionette von Frankreich). Als Blaise Compaoré am 15. Oktober 1987 seinen Sturz und seine Ermordung orchestrierte, fragten sich viele Menschen (Burkiner und Nicht-Burkinaben), ob er es nicht kommen sah. Immerhin hatte er eine Woche vor seiner Ermordung erklärt, dass:

"Während Revolutionäre als Individuen ermordet werden können, Kann man Ideen nicht töten."

Seine Intuition war in Ordnung. Aber anscheinend war er nicht bereit, diejenigen zu untersuchen und zu eliminieren, mit denen er eng zusammengearbeitet hatte - ein Schrecken an sich, der im Laufe der Jahrhunderte Revolutionen befallen hat. Er verstand, wie viele große Persönlichkeiten in der Geschichte, dass es nicht Ihre Schuld ist, wenn Menschen in Ihrer Nähe Sie verraten, insbesondere, wenn Sie als Führer niemals böse Absichten gegen Ihre Mitarbeiter oder Kameraden hegten. Tatsächlich hatte er am Morgen seines Todes eine Kopie einer Rede bei sich, die er in der Nacht zuvor vorbereitet hatte, um die ideologischen Kluft zwischen den Fraktionen in seiner Regierung zu überbrücken. Ein Auszug davon lautet wie folgt:

„Bei allen Widersprüchen, bei allen Widerständen werden Lösungen gefunden, solange das Vertrauen herrscht... "

Aber er konnte diese Rede in der Ratssitzung an diesem Morgen nicht lesen, weil Maschinengewehrschüsse das Verfahren kurz vor Beginn unterbrachen, gefolgt von Schreien, die allen befahlen, auszusteigen. Er ließ seine angsterfüllten Minister wissen, dass die bewaffneten Männer ihn suchten, befahl ihnen, sitzen zu bleiben, hob die Hände in die Luft und ging hinaus, um seine Leibwächter tot auf der Treppe zu finden. Die Truppe der angreifenden Soldaten eröffnete blitzschnell das Feuer auf ihn.

Als die Nachricht von Thomas Sankaras Ermordung am 15. Oktober 1987 bekannt wurde, kurz nachdem er und zwölf andere Beamte bei einem Staatsstreich getötet worden waren, den sein eheMaliger Kollege Blaise Compaoré organisiert hatte, wurde dies mit Empörung, Trauer, Besorgnis und Unglauben aufgenommen in vielen

Ländern der Welt. Aber nirgendwo war die Trauer so groß wie in Burkina Faso und im restlichen Afrika, wo er von den Massen als Leuchtfeuer der Hoffnung im einem Kontinent angesehen wurde, der von bösartigen Führern dominiert wurde, von denen die meisten Marionetten ausländischer Mächte waren. Blaise Compaoré sorgte nicht nur dafür, dass Sankara in einem nicht gekennzeichneten Grab begraben wurde, er entweihte auch Sankaras Erbe, indem er den größten Teil seiner Politik rückgängig machte und Burkina Faso mit den ausländischen Führern und Ländern neu ausrichtete, die Sankara feindlich gesinnt waren, vor allem Burkina Fasos eheMaliger Kolonialherr Frankreich. Viele Menschen, die sich mit der Geschichte auskennen, verloren keine Zeit, um Blaise Compaoré mit dem Brutus (Marcus Julius Brutus) zu vergleichen, einem Politiker der Römischen Republik, der an der Ermordung seines engen Freundes, des römischen Kaisers Julius Cäsar, beteiligt war.

Die Tatsache, dass Blaise Compaoré verhaftet Henri Zongo und Jean-Baptiste Boukary Lingani, mit denen er anfangs in einem Triumvirat zusammengearbeitet hatte, beschuldigte ihnen den Plan, den Sturz seiner Regierung geplant zu haben, kurz versucht ihnen, und ließ sie dann hinrichten im September 1989, bewies, dass Sankara war ein vertrauensvolles und vertrauenswürdiges Mitglied dieser Gruppe, die 1983 die Macht ergriff und die burkinische Revolution begann.

Sankaras Bestreben, die ehrgeizigsten Programme für sozialen und wirtschaftlichen Wandel zu verwirklichen, die jemals auf dem afrikanischen Kontinent versucht wurden, endete als teilweise verwirklichter Traum, aber es war eine Vision, die geschätzt wird, um die Hoffnungen der afrikanischen Jugend zu wecken. Heute ist er drei Jahrzehnte nach seinem Tod eine Legende in seinem Land und Afrika.

Antonio de Figueiredo, ein Journalist, Aktivist und Rundfunksprecher, der sich für die Befreiung der afrikanischen Kolonien Portugals einsetzte und mehr als jeder andere tat, um das Problem der kolonialen Unterdrückung in Angola, Mosambik, Guinea und Kap Verde ins Bewusstsein der englischsprachigen Bevölkerung zu rücken Welt, verstand das Ausmaß von Thomas Sankaras Einfluss, als er im Februar 2008 schrieb:

„Afrika und die Welt müssen sich noch von Sankaras Ermordung erholen. So wie wir uns noch von dem Verlust von Patrice Lumumba, Kwame Nkrumah, Eduardo Mondlane, Amílcar Cabral, Steve Biko, Samora Machel und zuletzt John Garang erholen müssen, um nur einige zu nennen. Obwohl böswillige Kräfte nicht die gleichen Methoden angewendet haben, um jeden dieser großen Panafrikaner zu eliminieren, wurden sie von demselben Motiv geleitet: Afrika in Ketten zu halten. "

Thomas Sankara, das revolutionäre und kurzlebige Staatsoberhaupt von Burkina Faso, das sein Gehalt auf 450 Dollar reduzierte, die Flotte der Regierung mit Mercedes-Benz-Autos verkaufte, die Zuteilung von Chauffeuren für Regierungsbeamte verbot und den Renault 5 zum offiziellen Auto machte, wurde Gedenkfeier in Burkina Faso, Mali, Senegal, Niger, Tansania, Burundi, Frankreich, Kanada und den Vereinigten Staaten am 15. Oktober 2007, zwanzig Jahre nach seiner Ermordung. Die schmerzlich vermisste afrikanische Legende, die von den neokolonialen Kräften dieser Welt und ihren afrikanischen Marionetten und Kompradoren aus der geopolitischen Arena verbannt wurde, zu einer Zeit, in der er den Traum vom Panafrikanismus wiederbelebte, wurde 2015 auf Wunsch seiner Familie exhumiert.

Die Exhumierung erfolgte ein Jahr nach dem Volksaufstand, der Blaise Compaoré aus der Macht drängte und ihn zwang, aus Burkina Faso ins Exil an der benachbarten Elfenbeinküste zu fliehen. Die öffentliche Wut gegen Blaise Compaoré, die sich seit der Ermordung von Sankara im Jahr 1987 aufgebaut hatte, schwappte nach Compaorés Versuch von 2014, die Verfassung zu ändern, auf die Straßen über. Die Verfassungsänderung hätte es ihm ermöglicht, zum fünften Mal und für zwei weitere Amtszeiten erneut für ein Amt zu kandidieren, was allgemein als Wahlmaskeraden gilt – ein Trend, der in autoritären und hybriden Regimen zu beobachten ist, insbesondere im frankophonen Afrika, in dem die abgehaltenen Wahlen vorbestimmt sind, obwohl die Beteiligten den gesamten Prozess als demokratisch vortäuschen und dadurch den Autoritarismus ihrer politischen Systeme unter einem dünnen Schleier wahlberechtigter Legitimität verbergen. Der Spielplan sieht auch vor, dass ihre Marionettenmeister - die Großmächte, normalerweise westliche - der Maskerade ihre

Zustimmung mit Glückwunschbotschaften an die amtierenden Staatsoberhäupter oder ihre gewählten Nachfolger erteilen und damit die Wahlergebnisse effektiv anerkennen. und Aufrechterhaltung der Kompradoren und des Systems gegen das Interesse der Menschen und des Landes. Blaise Compaoré versuchte, Paul Biya aus Kamerun (seit 1982 an der Macht) nachzuahmen, der 2008 die Verfassung des Landes erneut änderte, um ihm zwei Amtszeiten von sieben Jahren zu ermöglichen, und dann seine Sicherheitskräfte einsetzte, um die herausgekommenen Kameruner zu vernichten auf die Straße, um ihre Missbilligung zu zeigen, und tötete dabei 150 Demonstranten. Aber Compaoré war nicht so schlau wie sein kamerunischer Amtskollege, der noch unbeliebter war, aber es schaffte, mit seinem Glücksspiel davonzukommen.

Ein Autopsie Bericht, der an den exhumierten Überresten von Thomas Sankara durchgeführt wurde, enthüllte, dass der antiimperialistische Revolutionär an Dutzenden von Schusswunden starb, was die schwache Behauptung ausschließt, dass seine Attentäter ihn versehentlich getötet hätten, wie sein einst engster Freund und Nachfolger Blaise Compaoré, zu überzeugen versuchte die Welt nach seinem Tod. Wie Ambroise Farama, einer der Anwälte der Familie Sankara, sagte, war es „... umwerfend ... man könnte sagen, er war schlicht und einfach mit Kugeln durchsetzt..." Im Gegenteil, die Autopsien an den Körpern der anderen 12 Soldaten, die 1987 mit Sankara getötet und begraben wurden, gaben an, nur ein oder zwei Schusswunden erlitten zu haben.

Burkina Faso stellte im März 2019 in der Hauptstadt Ouagadougou das Erbe von Thomas Sankara als Revolutionär, Panafrikanist, Umweltschützer, Feminist und Humanist mit einer Bronzestatue wieder her. Die Statue würde jedoch ein Jahr später im Mai 2020 korrigiert Dadurch wird es imposanter und lebendiger als das vorherige.

Burkina Faso stellte im März 2019 in der Hauptstadt Ouagadougou das Erbe von Thomas Sankara als Revolutionär, Panafrikanist, Umweltschützer, Feminist und Humanist mit einer Bronzestatue wieder her. Die Statue würde jedoch ein Jahr später im Mai 2020 korrigiert Dadurch wird es imposanter und lebendiger als das vorherige.

Eine Statue von Thomas Sankara im Mai 2020

Drei Jahrzehnte nach der Ermordung von Thomas Sankara behalten sich die Jugendlichen Afrikas, die versuchen, sich zu orientieren, immer noch einen hohen Platz für die afrikanische revolutionäre Ikone als eine der seltenen zeitgenössischen Figuren vor, die der Kontinent hervorgebracht hat und die als Vorbild gepriesen werden können und eine Figur, mit der man sich identifizieren kann. Sein Erbe wächst schnell über Afrika hinaus, da immer mehr Menschen ihn als Vorläufer des Umweltkampfes, als herausragende Persönlichkeit in der Sache gegen den Finanzglobalismus, als Verfechter der Nichtzahlung unrechtmäßiger Schulden und als Prototyp von anerkennen eigenständige Entwicklung gegen das liberale Entwicklungsmodell, das nur einer kleinen Minderheit zugutekommt.

Zahlreiche Bücher, Artikel und andere Kunstwerke verherrlichen heute die selbstlose Afrikanische Legende, wer es sich zur Aufgabe gemacht hatte, die Menschen auf die Beine zu stellen und ihnen den Weg zu einer Zukunft ohne neokolonialen Einfluss zu weisen, die in Handel und Finanzen verpackt ist und importierte Kulturen, die die Stärke der kommunalistischen Afrikanischen Werte und die Heiligkeit der Familie untergraben.

Demokratie Index Karte von Afrika

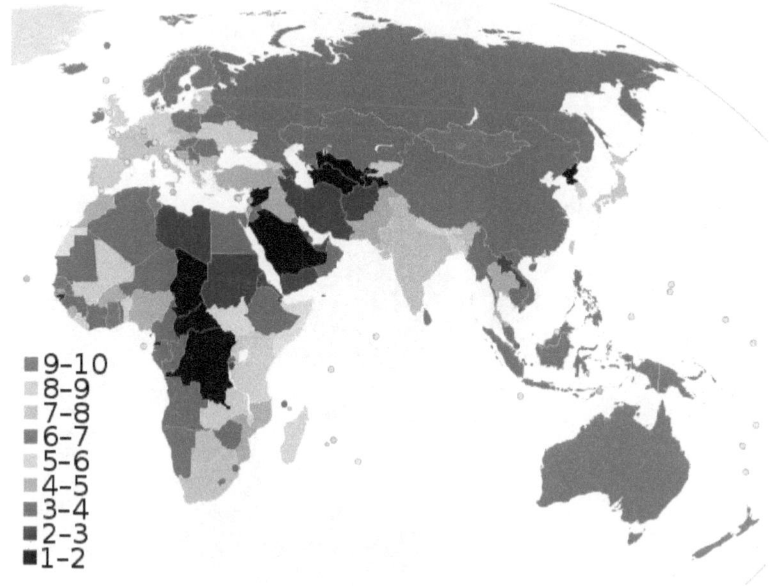

Demokratie Index: Afrika und die Welt

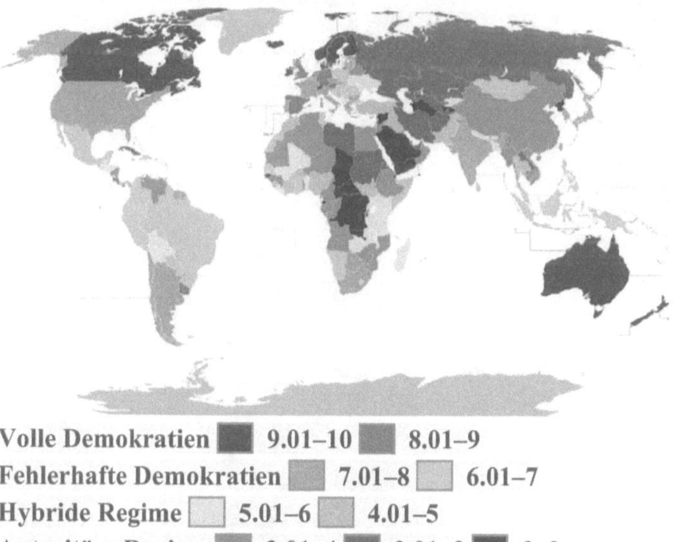

Politische Karte der Afrikanischen Länder

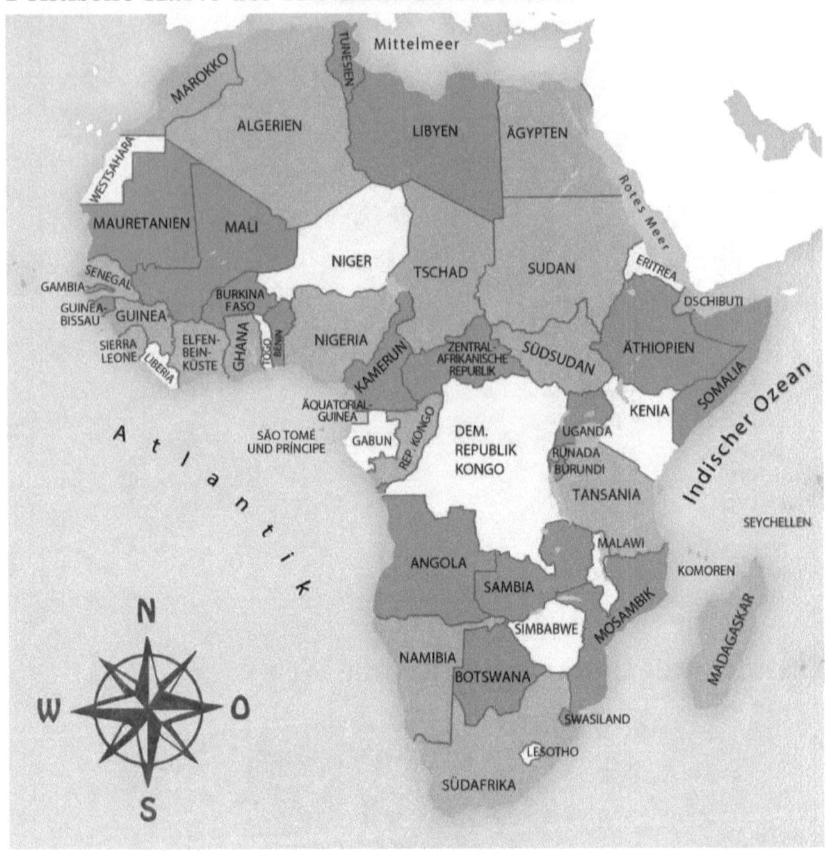